Andreas Riem

Apologie für die unterdrückte Judenschaft in Deutschland

An den Congreß in Rastadt gerichtet

Andreas Riem

Apologie für die unterdrückte Judenschaft in Deutschland
An den Congreß in Rastadt gerichtet

ISBN/EAN: 9783743689886

Hergestellt in Europa, USA, Kanada, Australien, Japan

Cover: Foto ©ninafisch / pixelio.de

Weitere Bücher finden Sie auf **www.hansebooks.com**

Apologie

für die

unterdrückte Judenschaft

in

Deutschland.

An den

Congreß in Rastadt

gerichtet.

Apologie

für die

unterdrückte Judenschaft

in

Deutschland.

Einleitung.

Hier — am Ende des aufgeklärtesten Jahrhunderts, in welchem jede Zweige der Wissenschaften ihre höchste Stufe erreichten; wo der Verstand die ausgedehnteste Cultur, und jede Nation eine Stufe von Bildung erhielt, die sie weit über die vergan-

A 2

gene Jahrtausende erhebt; wo jede Regierungsart
dem mildern Einfluß der verbesserten Geistes-Cul-
tur folgte, und alle Gesetze mehr das Gepräge eines
moralischen Zwecks, als der grundlosen Willkühr
erhielten; wo ein philosophischer Geist die ganze
Gesetzgebung belebte, und das wahre Wohl aller
Staatsbürger zu sichern trachtete; wo erleuchtete
Fürsten des blinden Despotismus sich schämten, und
die Fesseln der Leibeigenschaft zerschlugen; wo jede
Regierung mit dem rühmlichsten Eifer sich bemühte,
in der ungeheuchelten Ergebenheit ihrer Unterthanen ihre Ehre und eine edle Genugthuung zu finden. Hier — wurde allein ein zahlreiches Volk
vergessen, das man mit einer Art von Barbarei
behandelte, die in den grausamen Zeiten der Kreuzzüge, und des verächtlichsten Vorurtheils, ihre vor-
zügliche Entstehung fand, und obgleich barbarische
Vorurtheile der Zeiten des Faustrechts, als entehrend für gebildete Fürsten mit Verachtung verwor-
fen wurden, so blieb doch das armseligste von allen:
Die Verachtung und Unterdrückung
der Juden, besonders in Deutschland
herrschend, um gleichsam ein sprechendes Monument der Wildheit und des Unsinns jener alten

Zeiten zu bleiben, um, da alles in allen Zweigen
des menschlichen Erkennens, Wissens und Beherr-
schens eine vernünftigere Richtung und vollkomm-
nere Existenz erhielt, das Bild, grauenvoller Tage
der Menschen-Entwürdigung, nicht untergehen zu
lassen.

Unter allen Vorurtheilen, welche der Pöbel der
Priesterschaft (denn würdige Männer dieses Stan-
des boten nie ihre Hände zur Unterdrückung dieses
unglücklichen Volks) verbreitete, und im Gange zu
erhalten suchte, war nicht leicht eines, das beharr-
licher der Sitten-Bildung und Verstandes-Cultur
widerstand, und sich zur Schande des menschlichen
Geistes so hartnäckig erhielt, als der Haß gegen die Juden. Aber die heilige Curia zu Rom
hatte einen Kuß, den man einer Nonne gab, zu einem höhern Verbrechen tarirt, als den Mord an
einem dieses Volkes, und durch alberne Gemein-
sprüche des veränderten Worts Gottes, oder der
neuen reparirten heiligen Schrift, bewiesen, daß
alle Nachkommen der hierosolimitanischen Juden
durch alle Generationen bis an der Welt Ende ver-
worfen und verdammt wären, weil der römische
Landpfleger Pontius Pilatus einen Juden,

auf Anſtiften der Phariſäer und Schriftgelehrten, verurtheilte, der leider erſt nach ſeinem Tode, durch ſeine Auferſtehung, bewies, daß der Glaube an ihn nicht ſo eitel ſey, wie man zu Jeruſalem vor ſeiner Hinrichtung nicht ſich überreden konnte.

Ob nun gleich die helleniſtiſchen, und unter die Völker der Griechen und Orientalen zerſtreute Juden, der damaligen Zeit, an dieſer Hinrichtung des chriſtlichen Meſſias, keinen Theil, und die gegenwärtige Generation aller Juden daran gerade ſo viel Antheil hatten, als die Generation der Chriſten, daran, daß die Apoſtel, ſtatt ihren Herrn zu vertheidigen, davon gelaufen ſind; ſo verfluchte doch noch ſeine päbſtliche Heiligkeit die geſammte, an dieſem Verbrechen unſchuldige Judenſchaft, zuſammt allen Ketzern, jegliches Jahr, öffentlich vom Balkon auf der St. Peters-Kirche.

Da war es dann freilich kein Wunder, wenn alle Erz- und Biſchöfe des heiligen römiſchen Reichs das Beiſpiel ihres Erzhirten befolgten, und die Juden in einem Zuſtande von der niedrigſten Entwürdigung hielten, womit jemals Menſchen ihres Gleichen behandelt hatten.

I.

Warum werden die Juden verachtet und unterdrückt?

Es wird schwer, wo nicht gar unmöglich seyn, einen einzigen vernünftigen Grund dieserhalb anzugeben. Man kann nur zwei Seiten annehmen, von welcher sie Verachtung und Druck verdienen könnten, und diese sind:

1) Ihre religiöse

und

2) Ihre politische Existenz.

In Beziehung auf die Erstere, so kann es keinem Christen je mit Recht einfallen, sie einer Religion wegen hassen, verachten und verfolgen zu wollen, welche gleichsam die Basis der seinigen ist; denn da der Heiland Jesus ein gebohrner Jude war, und überhaupt öffentlich behauptete, daß, ehe Himmel und Erde vergehen sollten, ehe nur ein Titel im Gesetz Moyses verändert werden dürfte, da überdem dieses Gesetz den Dienst des Einigen Gottes einschärft, der unstreitig ungleich vernünftiger ist, als alle Vielgötterei oder Anbetung, der Engel, Märtyrer, heiligen Weiber, Jungfrauen, Männer und Junggesellen, vom heiligen Antonius an bis auf den Bettler Labre, zusammt der heiligen Radegunda, Ursula, und aller Eilf tausend Jungfrauen und Kompagnie, so sehe ich wahrlich nicht ein, warum man vorzüglich von christlicher Seite eine Nation haßt, deren Religion ganz die Religion Jesu war, und deren Glaube an einen einzigen Gott, dem Aberglauben, womit man so viele mit Protest des Advokats des Teufels selbst gemachte Heiligen verehrt, weit vorzuziehen ist.

Die Gebräuche ihrer Religion können einen Christen so wenig verächtlich seyn, als ihr Glaube, da sie von einem Propheten (Moses) angeordnet sind, welchen die ganze Christenheit mit Ehrfurcht nennt, und als einen von Gott geleiteten Gesetzgeber erkennt. Ueberdem so sind ja die meisten christlichen Gebräuche, und selbst die Sakramente, nur von den Juden entlehnt, und in das Rituale der Christen übergetragen. Die Erklärungen der Talmudisten sind den Commentarien der Kirchenväter gleich, und wahrlich ein einziger Maimonides übertrifft, so wie ein Mendelsohn und Salomon Maimon, bei weitem alle Kirchenväter an Philosophie und vernünftiger Auslegung.

Die Juden bleiben von Seiten ihrer religiösen Existenz eine ehrwürdige Nation, und ihre ganze Religion trägt das Gepräge eines Jahrtausende zurückführenden Alterthums.

Und überhaupt, welche Nation, oder welche Sekte hat ein gegründetes Recht, die dissentirende zu verachten oder zu verfolgen? In Rücksicht der Ueberzeugungen stehen alle Menschen bloß vor dem Tribunal ihres eigenen Gewissens zu Recht, und die Meinungen in Glaubenssachen sind und werden ewig frei seyn müssen, da eine Welt, in welcher das höchste Ideal aller Wahrheit herrscht, — wenigstens nie unserem Planeten gleich sehen wird.

Der Mann, der in der heiligen Tiare, durch die Bulle in Coena Domini, alle anders denkende Nationen und Sekten verflucht, würde, hätte ihn das Schicksal von einem polnischen Juden gezeugt werden lassen, allen denen Uebeln der Armuth, des Drucks und der Verachtung sich Preis gegeben fühlen, und den päbstlichen Fluch verachten, den er jetzt als Nachfolger auf dem Stuhl eines Juden, des heiligen Petrus, und als Statthalter eines Juden, des Heilandes Jesu Christi, sehr unchristlich ausspricht. Die Geburt bestimmt die Erziehung; die Erziehung die Religions-Meinungen, und nur der Zufall ist Schuld, daß der elendeste Jude nicht Erzbischof zu Mainz, Direktor des Reichs und College der größten und mächtigsten Stände des Reichs ist. Wäre er in Schlössern geboren, so wäre er stiftsfähig, und daß er nicht zu einem Erzbischof gewählt werden kann, das ist so wenig seine Schuld, als es die Schuld des großen Mogols ist, daß er nicht in der Caste der Subders und Pullatten geboren wurde. Der Zufall allein läßt auf Palläste Kronen, und auf Hütten den Bettelstab fallen, und eben so bestimmt er Diesen zum Sakrament der Beschneidung, und Jenen zum Sakramente der Taufe.

Auch denken wirklich alle Fürsten und Stände des Reichs zu erleuchtet, wegen Religion und Meinungen, die Juden Zölle und Geleit bezahlen zu lassen, oder sie, die doch geborne Bürger des Staats sind, von den Vortheilen des Unterthans, und seinen erblichen Rechten auszuschließen. — Aber doch hindert dieses eine große Anomalie zwischen der erleuchteten Denkart der Fürsten, und der ihr widersprechenden Praktik nicht — denn er wird gedrückt, weil — er ein Jude ist, und nur die Religion macht ihn — zum Juden.

Ich nenne dieses Benehmen mit Recht eine Anomalie — einen außerordentlichen Widerspruch zwischen erleuchteten Grundsätzen und zwischen Handlung nach denselben.

Wenn Wucher den Juden karakterfirte, und die Fürsten berechtigte, ihn von den Wohlthaten des Bürgers auszuschließen, so mußte nach Grundsätzen der Gerechtigkeit jeder wuchernder Christ, deren Zahl Legio ist, ebenfalls Zoll und Geleit bezahlen. — Ist es die Verschiedenheit des Glaubens — Warum zahlen die Protestanten im Mainzischen, Trierschen und Cöllnischen, oder die katholischen Christen in protestantischen Ländern nicht ebenfalls Zoll und Geleit? (1)

Oder sollte es etwa die politische Existenz der Juden seyn, die sie von den Rechten der christlichen Bürger ausschlöße?

2.

Politische Existenz der Juden.

Faſt überall hört man dieſen eben ſo nützlichen, in-
duſtriöſen und fleißigen, als unglücklichen Volke
den Vorwurf machen:

„Sie bilden einen Staat im Staate;
„ſie ſondern ſich von den Chriſten
„ab, indem ſie ſich nicht mit ihnen
„durch Heirathen vermiſchen, und
„iſoliren ſich ſelbſt ſo weit, daß ſie
„nicht einmal mit Chriſten eſſen.“

Vorerſt: ſie bilden einen Staat im
Staate, dieſes kann nur Irrthum oder Unwiſ-
ſenheit behaupten. Ein Staat iſt ein Verein von
Geſellſchaft, welche nach eigenthümlicher Form,
Geſetzen und Gewohnheiten, unabhängig von andern Geſellſchaften, Formen, Geſetzen und Ge-
bräuchen, regiert wird. Wo aber haben die Juden
im ganzen deutſchen Reiche, und auf dieſer
ganzen Erde Regenten, die unabhängig von den
Regenten der Staaten die Nation beherrſchen?
Wo üben ſie Rechte der Landeshoheit aus? Wo
entſcheiden ſie über Eigenthum, Tod und Leben, wie

Staaten? Wo fodern sie die Christen vor ihre Ge-
richtshöfe bei Streitigkeiten? Wo widersetzen sie
sich den Civilgesetzen der Staaten, wenn sie in Beziehung auf Staatsbürger zu Rechte stehen müssen?
Wo haben sie sich den Polizeigesetzen entzogen,
oder den Gehorsam versagt?

In ihren testamentarischen und andern nur
den Juden allein betreffenden Gegenständen wei-
chen sie von der christlichen Form hie und da ab.
Geschieht dieses aber um das Gewissen zu befriedi-
gen, das Einrichtungen aus göttlichen Vorschrif-
ten erhielt, die ihm Religions-Pflicht sind, oder
aus Widersetzlichkeit gegen Gebräuche? Der Religions-Meinungen halben Zoll und Geleit geben,
ist abgeschmackt, vernunftwidrig und tyrannisch.

Oder giebt es etwa in allen christlichen Staaten nicht auf Stände mit Exemtionen und Immu-
nitäten? Warum giebt die ganze katholische Cleri-
sei nicht Zoll- und Geleits-Abgaben, die den Ehe-
stand nicht unter sich duldet, und lieber gegen alle
Gesetze des Staates und der Moral, Concubinen
und Maitressen hält? Darf der Protestant in katholischen Ländern glauben, daß die Messe im
Grunde eine vermaledeyte Abgötterei sey,

ohne Zoll und Geleit zu entrichten, warum soll der
Jude nicht schuldlose Gebräuche auf Moses Auto,
rität haben dürfen, die keines einzigen Christen
Interesse beeinträchtigen?

Und haben dann etwa alle Provinzen weltli,
cher Regenten, die unter einem Oberhaupte des
Staats stehen, alle gleiche Civil-Gesetze und Ge,
bräuche? oder zahlen sie für die städtischen und
ständischen Uesansen Zoll und Geleit? und die
friedlichen Juden, die behutsam jedem Verstoß ge,
gen Staatsgesetze aus dem Wege gehen, sollten
nicht ganz unschädliche Gebräuche unter sich selbst
haben dürfen? Die Vernunft entscheidet cathecho,
tisch: was dem Einen Staats-Gebohrnen Recht
ist, kann dem Andern nicht versagt werden.

Aber sie sondern sich von den Chri,
sten ab, indem sie sich nicht durch Hei,
rathen mit ihnen vermischen?

Bei Gott! Sie thun hier nicht mehr und
nicht weniger als unser stiftsfähiger Adel, die sich
gleichfalls nicht mit Bürgern vermischen, ohne auf
die Rechte des stiftsfähigen Adels Verzicht leisten
zu müssen. Sobald nun die Dahlberge, die
Stablons, die Erthals, die Fürsten,

bergs u. f. w. nicht Zoll und Geleit dafür bezahlen, so kann man aus diesem Grunde sie nicht von
den Juden auf vernünftige Weise verlangen. Ueber-
haupt ist auch dieses eine Religionsmeinung, die
man nicht mit Zöllen und Impositionen in Deutschland zu belegen pflegt.

· Aber sie isoliren sich selbst so weit,
daß sie auch nicht einmal mit Christen
essen.

Ich sollte denken, wenn auch dieses nicht Reli-
gions-Vorschrift wäre, die allenthalben taxfrei in
Deutschland ist, so müßte schon das lächerliche
einem jeden auffallen, das darinnen liegt, Zoll und
Geleit zahlen zu müssen, weil man nicht mit einem
andern essen will. Die Christenheit gewinnt dabei
ungemein, daß die Juden ihnen ihre Mahlzeiten
lassen, und ich wüßte nicht, daß dadurch Landesho-
heitsrechte und Staatsformen beeinträchtiget würden, wenn der Jude lieber zu Hause nach seiner
Art ißt und trinkt, als bei Christen zum Schmau-
rotzer wird. Dieses hat überdem den Vortheil, daß
die Christen nie durch jüdische Armen beschwert oder
nur um Almosen angesprochen werden. Indessen
— dieser Einwurf ist zu ungereimt, um daraus ein

Recht herzuleiten, ein Volk zu drücken, das darum
oft die Gesellschaft der Christen flieht, weil gewöhn=
lich die albernste Verachtung und Spott die Art
wird, wie man ihn behandelt. Ich kenne Männer
dieser Nation, die den Umgang mit vernünftigen
Christen nie fliehen, und so würde die ganze Nation
handeln, wenn alle Christen sie mit Achtung im
Umgange aufnähmen. (2)

Daß übrigens kein Staat durch isolirte Stän=
de etwas leide, das beweist die Erfahrung aller
Zeiten. Der Adel, der Clerus, der Bürger, der
Bauer, der Leibeigene, sind im Grunde lauter iso=
lirte Casten. Der Adel heirathet keine Leibeigene —
der Bürger nicht die Tochter des Scharfrichters,
der Priester nicht die Wittwe eines Schinders
knechts, und wenn sie die gläubigste Christin wä=
re — jeder Stand hat sogar im Staate ein isolir=
tes Interesse. Alle besondere Gewerbe, ihre Innun=
gen und Zünfte, zu denen sie sich halten. Die
Staaten bestehen; Indostans Völker sind in
vier und achtzig Casten vertheilt, wo keine mit der
andern sich vermischt, keine mit der andern ißt,
keine die andere nur berührt, und doch erhält die
Weisheit ihrer Regenten, die doch gegen europäische

Regen=

Regenten-Klugheit nur Thorheit ist, die Staaten — und unsere Regenten sollten nicht Ordnung, Sicherheit und Ruhe erhalten können, ohne daß — Zoll und Geleit bezahlt werde —

Wahrlich! Jeder Pfahl mit Regenten-Wappen und Aufschrift -Zoll und Geleit- ist ein Pilori, woran die Regenten-Ehre und Vernunft gleichsam am Hals-Eisen steht und jedem zuruft: -für Zoll und doppelt Geleit sind wir gerecht und mild — ohne sie, sind wir eure Tyrannen, die euch verjagen.-

***

3.

Die Einrichtung des Zolls und Geleits der Juden ist gerade zu entehrend für Regenten, die sie erheben; so wie des Geleits, das Christen einfach, die Juden doppelt entrichten.

Der Druck der Juden, die schändliche Auflage von Zoll und Geleit, ist ein Werk, das die Barbarei und Straßenraub erzeugten — Unsere Regenten, belehrt von dem traurigen Irrthum, werden mit Verachtung und Unwillen eine eben so unbedeutende als entehrende Auflage von sich weisen, als ihr erleuchteter Verstand, das Unwürdige derselben einsehen wird.

B

Ehe der Adel des deutschen Reichs, alle Geblr-
ge und Straßen mit Raubnestern anfüllte, und in
dem schändlichen Gewerbe der Straßenräuberei
seine Ehre suchte — dachte niemand an Leibzölle und
Geleit.

Zu der Zeit, da die Geistlichen die gegenwärtige Rolle der Juden auf sich hatten, da nach A g o -
b a r d *) die Bedrückungen derselben, der Haß und
die Verachtung, womit man sie belegte, sich auf
eine ganz unerhörte Weise gegen sie äußerte; wo jeder angesehene freie Mann sich einen Haus-Pfaf-
fen halten konnte, um den Gottesdienst zu verrich-
ten, die Hunde auf der Jagd zu führen, die Frau
im Hause als Lakei zu bedienen ꝛc. zu der Zeit stan-
den die Juden in großem Ansehen. **) Fast der
ganze Handel von F r a n k r e i c h war in ihren
Händen, da die Christen dazu noch keine Kenntnisse hatten. Schon unter den C a r o l i n g e r n
kannte man sie und ihren Handel auf der D o -
n a u. ***) Ja es war gleichsam ein Privilegium,

*) *Agobard* lib. de Privilegio et Jure Sacerdotii.
**) Idem in Epist. ad Nebridium.
***) Aventin. Ann. Boj. lib. 4.

Juden in seinen Staaten halten zu dürfen, wozu
eine Erlaubniß des Kaisers erforderlich war. *)

Es war um so nöthiger, dieses industriöse
Volk nach Deutschland zu ziehen, da seine ganz
militairische Verfassung jedem freien Manne die
Handlung untersagte, und alles nur rauben und
plündern wollte. Sie, die Juden, hielten sich auch
so gut, daß man sie bei weitem den Lombarden (Ge-
wertschen) die aus Italien kamen, und ihres
Buchers halben berüchtiget waren, vorzog. Gegen diese ging der Haß so weit, daß Bischof
Heinrich zu Worms sich gegen das Kapitel da-
selbst eidlich verbinden mußte, niemals von Rö-
mern oder Italienern, die auf schriftliche Obliga-
tionen (super instrumenta) Geld verleihen, welches
aufzunehmen. **)

Kein Wunder war es also, wenn der Gewinnst
alles Handels in die Hände dieses Volks überging,
und sie zum Gegenstand des Hasses eines unver-

*) Olenschläger guldne Bull, Urkunden Nro 9.,
wo man das berühmte Privilegium finden wird, das Fried-
rich I. den neuen Herzogen von Oesterreich deshalb gab.
Angeführt bei Schmidts Geschichte der Deutschen, 6te Buch
12te Kapitel.

**) *Schannat* cod. prob. Hist. Wormat. N. CXXVI.

B 2

nünftigen Zeitalters machte. Allmählig legten sich auch die Christen, angelockt durch den Gewinn, auf die Handlung, die aber in den schändlichen Zeiten des Faustrechts wenig Sicherheit in sich selbst fand. Der Adel heerlagerte sich mit seinen Mannen auf allen Straßen und in allen Wäldern, und plünderten die Reisenden und Kaufleute. Schmidt sagt:

„Diejenigen, die mit einander in Freundschaft lebten, erlaubten einander, wenn einer von seinem Feinde verfolgt ward, in der Veste des andern seine Zuflucht nehmen zu dürfen, woraus das sogenannte Oeffnungs = Recht entstanden. Daher kam auch endlich das Geleits = Recht. Da theils wegen der vielen Fehden, theils der förmlichen Räubereien wegen die Straßen sehr unsicher waren, so blieb dem Kaufmanne nichts übrig, als entweder in einem starken Gefolge, oder unter einer sichern Bedeckung zu reisen. Diese von Haus aus mit zu nehmen, war theils zu kostbar, theils würden die Landes = Herren selbst fremden Bewaffneten den Durchzug nicht verstattet haben; es blieb also nichts anders übrig, als sie sich von den Letztern, gegen eine ge=

wiſſe Erkenntlichkeit auszubitten,
worin ſie auch um ſo lieber willigten, da ſie
dadurch ihre Einkünfte vermehren, und ihre
Söldner zum Theil mit fremden Gelde er=
halten konnten. Man geleitete ſie da=
her zuletzt mit Gewalt, wenn ſie auch
nicht wollten; und geleitete ſie weiter als ſie
wollten; oder als es den Nachbaren, die eben=
falls das Geleits=Recht ausüben wollten, an=
ſtändig war. *)

Es ergiebt ſich alſo ſehr deutlich, daß das
Geleit überhaupt, wegen den Fehden und
Räubereien des Adels eingeführt wurde, und
daß man zuletzt, da die Straßen ſicher wurden,
und es nicht weiter nöthig war, das Geleits=
Beneficium ſelbſt zu einer Plünderung und
Räuberei an den Handelsleuten machte, und mit
Gewalt es ihnen aufzwang, wenn es auch nicht
verlangt wurde. Da nun gegenwärtig der Adel ge=
bildeter iſt, als er es zu den Zeiten des Fauſtrechts
war, ſo fällt überall die Furcht, von ihm auf den
Straßen geplündert zu werden, folglich mit der Ur=
ſache das Geleitsrecht ſelbſt hinweg, und wird al=

*) Schmidt a. a. O. 6te Buch 16. Kapitel

lenthalben, wo es noch statt findet, zu einer räu-
berischen Plünderung am Vermögen derer, welche,
ohne wirkliches Geleit zu erhalten, daſſelbe den-
noch, bezahlen müſſen. Nun aber dünkt mich iſt
es keine Entſchuldigung, wenn gewiſſe Fürſten an-
führen, daß ſie es auch auf Chriſten aus-
dehnen, und lediglich von den Juden
doppelt bezahlen laſſen; denn zwiefacher
Raub und Plünderung am Juden, iſt eben ſo wahr-
haftig eine Straßenräuber-Eigenſchaft, als wenn
ſie am Chriſten einfach verübt wird.

Es war wirklich ein nichtswürdiges Zeitalter,
in welchem die Kreuzzüge damit anfingen, daß man
allenthalben die Juden todtſchlug, um ſich ihres
Vermögens zu bemächtigen. Gewiß war Erzbiſchof
Ruthhard von Mainz ein niederträchtiger
Bube, daß er, um ſich und ſeine Verwandten zu
bereichern, an der großen Juden-Maſſacre und
Schlächterei zu Mainz Antheil nahm, wodurch
er des Kaiſer Heinrichs Freundſchaft verlohr,
der den Reſt der Mainzer Juden in Schutz nahm.
Und dieſem Zeitalter, dieſen Schurken von Prie-
ſtern und Adel, dem Pfaffen Volkmar, dem
Pfaffen Gobſchalk, und dem rheiniſchen Grafen

Emicho, verdankt die jüdische Nation in
Deutschland, daß sie bis diese Stunde Leibzoll und Geleit zahlen müssen. Bedächten die
Fürsten, daß die Erhebung dieser Gelder gerade so
viel ist, als wenn sie zu den Juden sagten:

„Noch sind wir nicht von den schändlichen Vorurtheilen der Zeiten der Kreuzzüge, wo man
Juden zu morden für eine heilige Handlung,
und ihnen Vermögen und Eigenthum durch
Straßenraub zu nehmen, für übliche Handlung hielt, frei — Noch glauben wir bloß gegen Bezahlung, nicht aus Regenten-Pflicht,
euch, wenn gleich ihr Gebohrne des deutschen
Reichs seyd, Schutz, der uns in Beziehung
auf euch keinen Pfenning mehr kostet, als der,
den wir überhaupt geben, schuldig zu seyn.
Auf euch, wenn ihr nicht Zoll und Geleit zahlt,
mag jeder Straßenräuber, ohne Furcht für ir-
gend einer Strafe, lauren, euch erwürgen, er-
morden oder plündern. Ihr seyd zwar Menschen wie alle unsere Unterthanen, aber es soll
uns weder vor dem Richterstuhl der Vernunft,
noch der Menschlichkeit je bange werden, oder
werden wir uns dadurch abhalten lassen, euch,
wie das Vieh unserer Staaten, verzollen, und

für Geleit, das wir euch nicht geben, bezahlen zu laſſen. Euch zu berauben, oder für Dinge, die nicht einmal in der Einbildung ſtatt finden, das Eurige abzunehmen; das Volk, aus dem unſer Religions ⸗ Stifter entſtand, für Thiere zu erklären, und käme der Weltheiland ſelbſt, mit ſeiner beſchnittenen Vorhaut und einem Barte, ihm Leibzoll und Geleit abzunehmen, kann uns nicht verunehren, denn wir ſind Fürſten und Herren in unſerm Lande, die weder Gott noch der Welt, noch der Vernunft, noch der Menſchlichkeit Rede zu ſtehen haben. — Wir wollen euch aufs Unvernünftigſte plündern und drücken, bloß — weil es uns alſo allergnädigſt gefällig iſt;"

ſo würden ſie ſo wenig von dem Juden doppeltes, als von dem Chriſten einfaches Geleit erheben.

Offenbar würde ein Regent oder Fürſt des heiligen römiſchen Reichs dieſe Sprache führen müſſen, wenn er die gerechteſte aller Bitten dieſes Volks: ⸗Es ſeinen übrigen Unterthanen gleich zu machen,⸗ verſagen wollte. Die Zeiten ſind völlig vorüber, wo man mit Beibehaltung der Anſprüche auf Achtung, die größten Ungerechtigkeiten begehen könnte, bloß weil man —

Regent war. Sie selbsten, die Regenten haben unter sich ein weiseres System der Beurtheilung ihres Gleichen ergriffen, nach welchem sie nur diejenigen ehren, die ihnen an Weisheit, Gerechtigkeit, Billigkeit, Menschlichkeit und Liebe zum gesammten Volke aller Unterthanen gleich sind. Die Vernunft ist durch alle Hindernisse, die die Thronen umgeben, durchgedrungen, und hat die Grundsätze der Regenten aufgeheitert. Deutschlands Kaiser zeigt ein würdiges Muster, wie man das nützliche Volk der Juden zu behandeln habe, und die gegenwärtige neue Regierung von Preußen, wo ohnehin schon dieser Nation alle Wege, die Rechte der Christen zu erhalten, offen stehen, wird ihre Bitte gewiß nicht verwerfen. Der Churfürst von Sachsen, einer der edelsten Regenten seiner Zeit, wird es nicht versagen. Mit einem Worte, wohin ich unter den deutschen Fürsten blicke, finde ich kaum zwei, die fähig wären, ihrem Geiz und Despotismus ihre Ehre aufzuopfern, das Gefühl der Menschheit zu verläugnen, und die Vernunft von sich zu weisen, die ihnen die Erfüllung dieser Bitte zur Pflicht macht.

4.

Leib = Zoll.

So entehrend es auch immer für Regenten und
Staaten seyn mag, sich ein Geleit bezahlen zu
laffen, das sie nicht leisten; und Bezahlung zu ver=
langen, wo sie keine Valuta gaben, so geht doch
die Auflage = des Leibzolls = über alles, was
den entwürdigen kann, der sowohl ihn verlangt,
als der ihn geben muß. Ich kenne verschiedene
deutsche Fürsten, die zwar mit ihren Unterthanen
einen Handel treiben, und sie verkaufen, verleihen,
und erb = und eigenthümlich an andere überlaffen,
daß man sie aber wie Pferde, Ochsen, Esel und
Schweine verzolle, und in den Waaren = Tarif
bringe, das — wenigstens ist mir unbekannt.

Wenn einst ein gesitteteres Jahrhundert die
Greuelthaten liest, womit Regenten und Staaten
ein harmloses, fleißiges und thätiges Volk, das zu
den Kindern des Landes gehörte; treu und ergeben
seinen Unterthanen = Pflichten war, und geduldig
die Frevel der Tyrannei und Entehrung ertrug, und
wie der Thätigste, der Weiseste, der Rechtschaffen=
ste unter ihnen, gleich dem Viehe seinen Leib über=

all verzollen mußte, wo ein christlicher Fürst regierte; indessen Heiden und Türken diesen Gott und Menschheit entehrenden Frevel mit Edelmuth verschmähten und von sich wiesen, so wird es in Versuchung kommen, zu glauben — der Geschichtschreiber lüge.

Großbritannien, das auf eine fast unglaubliche Weise mit Auflagen jeder Art überladen ist, wo man das Licht bezahlen muß, wenn es durch Fenster in das Zimmer fällt; wo die Regierung bis zum Erstaunen Taxen erdachte, behielt doch so viele Achtung für die Menschheit, daß sie ihre Leiber mit keinem Zolle belegte. Es ist der größte Frevel, wenn ein Mensch seine Existenz in einem Tage vielleicht fünfmal bezahlen muß, wenn er von Frankfurt aus in einem Tage, ja wohl gar auf Einer Meile Weges, durch mehr als fünf Fürsten Länder reisen kann. Es ist der Menschheit Hohn gesprochen, wenn man für Leib und Leben im Tarif steht, das kein Fürst geben kann, und keiner zu nehmen ein Recht hat, wenn man ein ruhiger Bürger ist. Erst muß eine Nation durch tausend unedle Mittel des Drucks und der Tyrannei in die größte Furcht gesetzt, und jedes Entgegenstreben, jedes Gefühl

von Menschenwürde darniedergehalten werden, ehe
sie sich einer solchen infamen Auflage, die wahrhaft
viehisch ist, unterwirft.

Wie müßte es einem Moses-Mendels-
sohn zu Muthe geworden seyn, wie einem jegli-
chen dieses Volks, der sich durch Selbstgefühl seines
allenthalben anerkannten Werths bewußt ist, wenn
jeder Lotterbube von Zollbedienten, ihm Leibzoll
auf jeder Straße des aufgeklärten Deutschlan-
des abforderte? Nicht die Huronen, nicht die Can-
nibalen, nicht die Hottentotten waren eines so
schändlichen Gedankens fähig, wie das cultivirte
Europa, und das erleuchtete Deutschland,
und so sind ungebildete Naturmenschen weniger
Barbaren, als die gebildeten Völker unseres Welt-
theils.

Und nun ihr Fürsten und Regenten, welches
Recht habt ihr, den Menschen zum Vieh zu ernie-
drigen, und woher entspringt das Recht Leibzoll
von einem euch nützlichen Volke zu verlangen?
Weil man den Juden ehemals ermordete, wenn er
seinen Leib und Leben nicht durch eine Gabe sicher-
te? O! der Schande, daß unsere Regenten noch
den Schein barbarischer Juden-Mörder behalten

wollen, und die Gesundheit seines Leibes, und die
Sicherheit seiner Glieder, sich auf jeglicher Lands
und Nebenstraße bezahlen lassen. Denn es ist nicht
genug, daß der unglückliche, überall der Plünderung Preis gegebene Jude auf Landstraßen seinen
Leibzoll entrichten muß, er darf, ohne dieses zu thun,
keinen Fußsteig wandern.

Wenn man von Bonnames bei Frankfurt am Mayn nach Homburg vor der
Höhe geht, so führt links ein Fußweg von der
Landstraße ab. Ueber diesen Weg läuft ein Winkel
ungefähr ein bis zweihundert Schritte breites Mayn-
zisches Gebiet. Dieser paar Schritte halber muß
ein jeder Jude Zoll lösen. Geht er über eine kleine
Strecke Aecker, um das Gebiet nicht zu berühren,
so verfällt er dem Pfänder zur Strafe. Es ist überhaupt über alle Begriffe, wie niedrig diese Menschenklasse von so vielen Fürsten und Regenten behandelt wird, und dann auch wahrlich! kein Wunder, wenn die christliche Unterthanen das Beispiel
ihrer Fürsten zum Muster nehmen, und den Juden
aufs verächtlichste mißhandeln. Hunde, und alles
Vieh kann unbesteuert über diesen und andere Ne-
benwege gehen, nur der Mensch nicht, wenn zufäl-

lige Geburt ihn zum Juden bestimmte. Dies sind
Gräuel des Despotismus, die man laut in der Welt
ausrufen muß, um zu beweisen, daß nur edle Fürs
sten und Republiken ihrer nicht fähig sind —

─────────

§. 5.

Reichsstädtischer Druck.

Unter Republiken aber verstehe ich nicht die deutschen Gebet-Patricier-Aristocratien, die
den Namen von Republiken führen, aber ihren
Geist verläugnen; denn diese machen es bei weitem
noch ärger, als die Fürsten. Das gestrenge Augs-
burg und Nürnberg findet sich so erhaben, daß
es nicht einmal einen Juden duldet. Darinnen
kommen in Deutschland ihm Osnabrück, S.
Saalfeld und preußisch Geldern gleich.
Ob der Bürger dieser Länder und Städte wohl aus
einem edlern Stoffe gebildet ist, daß es ihm Unehre
seyn würde, einen Juden für seinen Nebenmenschen zu halten? Freilich in einer Stadt, wo an
Aloysius Merzen und seines gleichen kein
Mangel ist; und in jenen Ländern von Westpha-
len, wo die Schweine ihr eigentliches Vaterland

haben, da ist es freilich nicht rathsam Juden zuzu-
lassen, die abgesagte Feinde dieser Race sind. Doch
Menschen, deren Arroganz so weit geht, daß sie sich
zu gut halten einen Mitmenschen nicht zu dulden,
weil er nicht ihres Glaubens ist; diese weisen sich
selbst einen so verächtlichen Platz unter den Welt-
Bürgern ein, daß der Verfasser sich selbst zu enteh-
ren glauben würde, wenn er ihrer weiter mit einem
Worte erwähnte.

Andere Reichsstädte dulden sie zwar, halten sie
aber, wie mit der Pest behaftete, in einer Straße
eingesperrt, die sie des Abends zu gewissen Stunden verriegeln. Aufgeschichtet auf einander leben
diese Unglückliche, abgesondert von Menschen eines
andern Glaubens, als wären sie eine Räuberbande,
die man fürchten, und des Nachts, um die Polizei
nicht in der Ruhe zu stöhren, in einem großen Ker-
ker verschließen müsse. Unter andern Reichsstäd-
ten zeichnet sich Frankfurt am Mayn gar sehr
zu seinem Nachtheil aus, und giebt wahrlich kein
Exempel von Edelmuth, Anerkennung der Men-
schen-Würde, und Bildung durch nur gewöhnliche
Vernunft, ich will nicht sagen Philosophie. Jour-
dan, dieser große General, erlöste dieses unglück-

liche Volk aus dem Gefängniß der Judengasse, indem er sie größtentheils im Bombardement vernichtete. Ich wünschte, daß sie auf ewig in Ruinen liegen bleibe, ein Monument, daß Frankfurt von dem uneblen Grundsatze zurück gekommen sey, als gäbe es wirklich Republiken, wo nicht jeder Eingeborne gleiche Rechte und Pflichten habe.

Gehen wir auf die Zeiten zurück, wo man die Juden zuerst in einzelnen Straßen einsperrte, so wird man finden, daß sie eben nicht die gesittetsten und menschlichsten waren. Aber welch eine Ehre kann es dem gegenwärtigen Zeitalter bringen, noch die alten Grundsätze der Unwissenheit, Barbarei und Stupidität zu befolgen. Es ist, wie man in Hamburg zu sagen pflegt, ein hergebrachter Bocksbeutel, dessen die heutigen Magisträte der Reichsstädte sich schämen sollten.

So viel ich weiß, antwortet der Frankfurter ꝛc. ꝛc. seinem Catecheten, auf die Frage, wer ist dein Nächster? — Alle Menschen. Wenn nun die Juden zu denen gehören, die ihr lieben sollt wie euch selbst, heißt das das Gebot erfüllen, wenn ihr sie in eine Gasse einsperrt,

in

in der ihr selbst nicht eingesperrt zu seyn wünscht?
Wenn ihr sie einem Zwang unterwerft, den ihr ver-
abscheuen würdet, wenn er euch träfe? Gute moralische Menschen können die Magiſträte und Bürger solcher Reichsstädte unmöglich seyn, denn ich
kenne keine schändlichere Immoralität, als die Verachtung, Verfolgung und Auszeichnung zur Schande unseres Nebenmenschen, bloß, weil sie eines
andern Glaubens sind. Des Eigennußes diese
Städter und Obrigkeiten zu beschuldigen, hieße den
Verdacht der größten Niederträchtigkeit auf sie bringen wollen, eines Lasters, von dem wir wenigstens
den Magiſtrat von Frankfurt gern und mit
Vergnügen freisprechen.

Von dem Vorwurfe eines elenden Eigennußes
kann ich jene Städte nicht frei sprechen, wo der
Jude oft für den Aufenthalt eines einzigen Tages, bis zu einem Dukaten bezahlen muß. Dies ist eigentlich eine niedrige
Prellerei, die um so viel ſtrafbarer iſt, da nur die
dümmſte Ignoranz sie hervorbringen kann. Jede
Stadt sucht die Concurrenz im Handel zu verſtär-
ken, diese suchen sie durch Prellereien zu verhin-
dern. Wenn der Jude in einer Stadt einkauft, ſo

C

ist es ein Vortheil für die Manufakturen und Gewerbe. Wenn er verkauft oder Waaren liefert, so
geschieht es um einen Preis, daß dabei entweder
der Kaufmann seinen Gewinn vorausfieht, oder
der Bürger gewinnt. Auf alle Fälle leidet nie eine
Stadt durch die Concurrenz des Handels, wenn
das Ganze nur auf der Abgabe haftet, und diese
vielleicht einziger Zweck ist, warum man dem Juden die Freiheit des Handels für Tagelohn verkauft.

Andere Städte dulden bloß eine gewis-
se Anzahl jüdischer Familien. Es ist die
lächerlichste Abgeschmacktheit die man sich nur denken kann, denn wer nur ein wenig Kenntniß vom
Handel hat, der wird vorerst einsehen, daß nicht
die Familienzahl, sondern der Bestand ihrer Reichthümer, das Uebergewicht des Handels auf ihre
Seite ziehen würde. Hier können vier reiche Familien mehr thun, als zwanzig, deren gesammtes
Vermögen jenem der vier gleich kommt. Aber es
ist überhaupt Thorheit, hier Einschränkungen machen zu wollen. Reiche Christen haben ja allen
möglichen Vorschub, alle Geschäfte so weit zu treiben als sie wollen. Was nun die zahlreichste Ju-

benschaft neben ihnen thut, ist reiner Vortheil für
die Manufakturen, aus denen sie ihre Waaren ziehen, und für die Städte, in denen sie ihr Vermögen belegen, und ihre Gewinnste verzehren. Es ist
eben so viel, wenn man z. B. fünf und zwanzig
jüdische Familien abhält, als wenn man fünf und
zwanzig christliche Familien aus der Stadt ent-
fernte. Die Verminderung der Bevölkerung ist jeder Stadt und jedem Lande nachtheilig. Ob nun
der entfernt gewordene Christ, Heide, Türke
oder Jude heißt, das ist völlig gleichgültig. Es ist
die Entfernung von so viel nützlichen und thätigen
Menschen, deren Abgaben in den Staatskassen
fehlen; deren Fleiß den Nahrungsstand hier her-
abbringt, und in die Stadt überträgt, wo man
ihn aufnimmt. Die wenigsten Staaten und Städte sind unterrichtet genug, um einzusehen, daß ihre Intoleranz ein Schwerdt ist, das in den Einge-
weiden des Nahrungsstandes wüthet, und das
Mark des Staats aussaugt.

Laßt uns den fast nicht einmal mehr zweifel-
haften Fall annehmen, daß das linke Rheinufer
der großen fränkischen Republik zufallen werde, und
es ist nichts gewisser, als daß die Bedrängten dieser

Nation in einem Lande sich ansiedlen werden, das
die Menschenrechte ehrt. Was wird aus F r a n k=
f u r t werden, wenn die gekränkte Juden, die Ver=
mögen besitzen, nach M a y n z gehen. Es müßte
widernatürlich zugehen, wenn alsdenn die stolzen
Unterdrücker und Verfolger mit der Zeit mehr als
die Faktoren dieser so lange verachteten Familien
seyn würden. F r a n k f u r t darf nur auf F r i e d=
b e r g sehen, um sich zu belehren, was aus ihm
sehr leicht werden kann.

Die Juden besitzen, im Ganzen genommen,
Eigenthum wie die Christen. Daß dieses dem sie
drückenden D e u t s c h l a n d entgehen müsse, daß
Fürsten und Staaten dabei unendlich leiden wer=
den, wenn sie die allgemeinen Rechte der Bürger
nicht erhalten, und dahin auswandern müssen, wo
der einzige Zufluchtsort offen steht — daß dadurch
die Manufakturen des ganzen rechten Rheinufers
ruinirt werden, wenn die thätigste Menschenklasse
auf dem linken ihre Reichthümer in Manufakturen
und dem Handel anlegt, alles dieses ist überall nicht
dem mindesten Zweifel unterworfen.

Von einander getrennt, und in vielen Staa=
ten zerstreut, ist die Concurrenz der Judenschaft im

Handel weniger bemerkbar, und zugleich wohlthä-
tig für das gesammte Commerce von Deutschland.
Der bei weitem am größten Theil derselben, besonders die unbemittelten, sind mit einem sehr gerin-
gen Gewinnste zufrieden, und rechnen auf ihre Thätigkeit, durch einen häufigern Umsatz der kleinen
Summen, die sie im Handel belegen können. Dieses ist ein großer Vortheil für den beträchtlichsten
Theil der Staatsbürger, oder die Consumenten.
Tausend Artikel, die vielleicht kein christlicher Kaufmann des Anblicks würdigt, erhalten durch den
Handel der armen Juden einen Werth, die sich keine Mühe verdrießen lassen, sie wieder los zu werden.

Entfernt nun die Juden durch den Druck aus
euern Städten und Ländern, und der ganze Ver-
lust fällt auf den armen Staatsbürger, der da, wo
keine Trödler sind, seine Kleinigkeiten weder verkaufen, noch gebrauchte Dinge wohlfeil einkaufen
kann. Wahrlich, es giebt der Armen und Tage-
löhner unter den Christen sehr viele, denen ihr Ta-
gewerk nie so viel abwirft, in einem christlichen
Kramladen neue Kleider rc. zu kaufen. Daß man-
che am Ende nackend gehen müßten, wenn der arme
Jude nicht bereits gebrauchte Kleider u. dgl. ihnen

für Kleinigkeiten lieferte, das ist wohl ohne Zweifel, da dieses bereits gegenwärtig bei manchen der Fall ist, obgleich der Handel der jüdischen armen Mäkler ihnen zur Hand geht.

Vereinigte sich die Nation nun gar, was mehr noch als wahrscheinlich ist; vereinigten sich nur die gebildetern Stände der wohlhabenden und reichen unter ihnen; machten sie einen gemeinschaftlichen Vertrag unter sich, die niederträchtigen Behandlungen, womit man sie fast überall belegt, abzuweisen, und Länder zu verlassen, die nicht werth sind, die Früchte ihres Fleißes und ihrer Thätigkeit zu genießen, und versammelten sie sich am linken Rhein-Ufer, wo man sie mit Freuden aufnehmen, und als Mitbürger zu behandeln für Pflicht halten würde, was würde gewisser seyn, als daß sie den Handel am Rheinstrome aufs lebhafteste beleben, und schon von Anbeginn diejenigen seyn würden, welche alle auf dem R h e i n eingehende Waaren zur ersten Hand hätten, aus welchen jene Staaten sie nehmen müssen, die sie durch eine unwürdige Behandlung nöthigten auszuwandern, und nun ihre Herrn zu werden, deren Faktoren sie allenfalls vorstellen, oder aus deren Händen sie nehmen müssen.

Wer den Spekulationsgeist und die tiefen Kenntnisse des Handels, und wie er die größten Vortheile abwerfe, bei dieser Nation kennt, der wird mir eingestehen, daß sie auch wissen werden, daß die Verarbeitung roher Produkte in Manufakturen, und der Umsatz der Fabrikaten gegen ausländische Importen, zum größten Gewinn leite. Sie werden also nicht ermangeln, alle jene Manufakturen, welche das bergische und andere Länder am rechten Rheinufer blühend machen, als Concurrenz von sichern Aussichten anzulegen. Sie, die nun durch erlangte Freiheit alle die Summen gewinnen, welche sie für Schande und Exaktionen vorher dahin geben mußten, finden sich durch Ersparung derselben im Stande, den Handarbeitern bessere Bedingungen zu machen, unberechnet, daß eine edlere Behandlungsart, die aus dem Geiste der Gleichheit und Freiheit entspringt, viele Tausende von Manufakturisten ohnehin über den Rhein aufs linke Ufer locken wird, und durch diese eben so gerechte als anständige Mittel muß der Ruin der Staaten nothwendig eingeleitet werden, die zu wenig Einsichten und Vernunft hatten, sich zu überzeugen, daß sie durch den Druck dieser ihnen unentbehrlichen und höchſt nützlichen Volksklaſſe, den Ruin für ſich ſelbſt vorbereitet haben.

Daß alle dieſe Uebel nicht minder die deut‑ ſchen Reichsſtädte, die ganz eigentlich vom Handel leben, betreffe, iſt deutlich und ſpricht für ſich ſelbſt.

6.

Schutz ‑ Geld.

Schrecklich iſt es, und herzerſchütternd kein Vater‑ land zu haben, keine Stätte, die den Unglücklichen aufnimmt; keinen Regenten, der ihn ſchützet; kein Volk, das ihn aufnimmt; kein Obdach, wo er mit den Seinigen ſeinen Gram ausweinen, und ſein gepreßtes Herz ausſchütten kann. Entſetzlich iſt es, wenn man zum Lande, wo man geboren wird, ſagen muß: »Du biſt mein Vaterland nicht.«

Ganz in dieſer Lage befinden ſich die armen Juden Deutſchlands, wenn der Hausvater nicht von Jahr zu Jahr ſich einen Schutz vom Re‑ genten mit dreißig Gulden erkaufen kann. (4) So iſt der Jude in ſeinem Vaterlande nie einhei‑ miſch — Nein! er wohnt darinnen nur zur Miethe. Der faulſte Bettler findet einen Aufent‑ halt und ein Almoſen — der fleißigſte Bürger wird aus

feinem Vaterlande verjagt, wenn er nicht Schutz-Lohn
bezahlen kann, und zu Mosts Religion gehört. (5)

Fürsten und Regenten, die ihr den bittern
Kelch der Armuth nicht versucht habt; die Leiden
des Unglücklichen nicht kennt, der mit Weib und
Kind von Land zu Land, in Sturm, Wind und
Wetter herum irrt, allenthalben sich verstoßen sieht,
weil er arm ist; und die Thränen des Kummers
nicht zu sehen bekommt, die Jammer, Trostlosig-
keit und der wütende Hunger nackender Kinder dem
unglücklichen Vater entpreßt, der alles sich und den
Seinigen raubt, um euch diese für ihn fast uner-
schwingliche Summe zu geben, wo auf jedem Pfenning der Fluch des Allbarmherzigen haftet, dessen
Gerechtigkeit nur dem Unsinn ein Spott ist —
Ihr erschöpft jede Grausamkeit, jede Tyrannei bis
auf den Boden des Bechers aller Greuel — und
seyd doch sonst so gut, so mild, so väterlich, nur
gegen Abrahams Kinder nicht, die euch doch
nie beleidigten. Vom Throne herab sollte nur Güte,
und zu seiner Zeit Gerechtigkeit wirken — Nie, wie
vom Throne des Fürsten der Hölle, Unmenschlichkeit,
Verfolgung, Druck und Elend. Straft den Ver-
brecher, aber seyd auch gerecht gegen den Schuldlosen;
Alle Geborne eures Staates sind eure Kinder —

Wie nennt ihr den Vater, der gutgesinnte Kinder
verstößt, unglücklich macht, und nur eines dem andern vorzieht? Ist er gerecht, handelt er weise, ist
sein Betragen unstrafbar und tadellos? Ist dies
Charakteristik christlicher Fürsten?

Wie? so sollte also jeder Fürst Vagabun-
den aufnehmen? Nein, sie sollten keine zu Va-
gabunden machen, so dürften sie keine abweisen.
Niemand verläßt die Hütte gerne, sey sie auch noch
so armselig, in der er geboren ist. Im Vaterlande ist man gerne, denn man ist daheim. Alles um
uns her ist uns so lieb und so werth, daß man lieber alles erduldet, als den Pilgerstab ins Elend,
in der Fremde ergreift — wo man gleichsam vogel-
frei von Land zu Land gepeitscht wird, und nie
sagen kann: »hier gehöre ich her.« Wie sollte also der arme Jude das elende Leben eines Va-
gabunden, der nirgends geduldet wird, die Erde
zum Bette, und den Himmel zur Decke hat, frei-
willig erwählen, und sich allen Elementen Preiß
geben, wenn er nicht müßte. Und woher
entsteht dieser Zwang? Bloß aus der Unmöglich-
keit, die regierenden Herren für den Schutz im
Vaterlande bezahlen zu können.

Ich weiß nicht; es liegt so viel Unedles darinnen, sich als Schirmvogt von armen Leuten bezahlen zu lassen, daß ich nicht begreife, wie es noch Fürsten geben kann, die sich zu dieser Pflicht feil bieten.
So aber gewöhnt man sich durch lange Zeiten die vergehen, das Entehrendste für löblich, und das Erniedri-
gendste für anständig zu halten — wie könnten sonst so
viele würdige und gute Fürsten diesen Fehler begehen?

Und geben sie denn auch wirklich Schutz für die
Summe, wofür sie ihn jährlich vermiethen? Nein!
Nichts weniger als dieses. Für den allgemeinen
Schutz des Landes gegen Feinde und Räuber, so
wie für den besondern der Gesetze, bezahlen die
Juden dieselben Abgaben wie alle Christen. Sie
verlangen nicht mehr Schutz als die Christen, und
mehr kann ihnen auch kein Regent gewähren, was
sie also mehr bezahlen, dafür erhalten sie — nichts;
und wer für etwas Zahlung nimmt, das er nicht
geben kann — was thut der? (6)

Uebrigens überlasse ich dem Urtheile aller Vernünftigen, und ihrem Nachdenken folgende summa-
rische Bemerkungen, die ich in einem folgenden
Hefte näher aus einander setzen werde.

1. Indem die Fürsten die Juden mit außerordentlichen Abgaben belegen, nöthigen sie den

durch dieselben nicht zum Wucher? In diesem
Falle nehmen sie also die Abgaben aus dem Vermögen ihrer christlichen Unterthanen, und der
Wucher selbst ist demnächst von den Regierungen abgenöthigt, weil er allein die ärmern Juden
zu Entrichtung großer Abgaben in Stand setzt.

2. Die Befreiung der Juden hat die Vortheile
   a. der Hemmung des Wuchers, welcher dem
      Commerce schädlich ist,
   b. der Urbarmachung oder, noch unbebauter
      Ländereien,
   c. der Vermehrung der Staats-Einkünfte,
      durch vermehrte Agrikultur und Industrie.

3. Bilanciren sich wohl die Vortheile für die Lan-
   deskassen, gegen die alten unedlen Vexationen,
   wenn man die Juden zu nützlichen Staatsbürgern macht?

4. Exceptionen. Mangel an Kultur der
   Juden. Die Ursachen liegen gänzlich in der
   Art wie sie regiert werden.

Gesetzt auch viele Individuen dieser Nation
seyen verdorben in ihren Grundsätzen, ist es Pflicht
der Regierungen, sie durch Gleichstellung mit andern Staatsbürgern zu verbessern? Oder kann ir-
gend eine Regierung es für Pflicht halten, sie in
der Verdorbenheit zu erhalten?

5. Durch ihre gegenwärtige Lage sind die Juden
   nur geduldete Fremdlinge im Staate.
   Sie haben also keine Unterthanen-Pflichten

gegen den Staat, und ihm nützlich zu werden.
Den traurigen Folgen aus diesem Grundsatze
kann nur dadurch abgeholfen werden, daß man
sie zu Bürgern macht. — Ob nun gleich der
Staat sie nur als geduldete Fremdlinge an-
sieht, und in jeder Hinsicht behandelt, so
fesselt er sie doch durch eine große Anomalie an
den Staat, indem er sie nicht frei und ohne
Abzug vom Vermögen aus dem Staate ziehen
läßt. Sie sind also Bürger und nicht Bürger,
und in jedem Falle Gegenstände eines wahren
Staats-Wuchers.

Zusätze und Bemerkungen.

(1) Griechen, Türken und andere Religionsver-
wandten, ohngeachtet diese dem Staate nichts beitra-
gen, sind von allen Abgaben frei, und die Juden, die
man mit doppelten Abgaben belastet; denen man alle
Nahrungs-Zweige abschneidet, sollen darneben Zoll
u. dergl., Abgaben entrichten, welche Ungerechtigkeit!
Man darf überhaupt das Nichtgesellige der Juden
mit denen Christen nicht vom Willen der Juden, sondern man muß solches bloß von dem Verfolgungsgeist der
Christen ableiten. Es sind zwei Ursachen, die die Juden
gezwungen haben, christliche Gesellschaften zu vermeiden.
Die 1ste ist: so lange die Juden wegen ihrer religiösen Meinung verfolgt wurden; so lange sie fürchten
mußten, wenn sie nur das Mindeste wider den allein seeligmachenden Glauben äußerten, verbrannt, die Zunge
aus dem Hals geschnitten, oder wenigstens aus dem
Lande gejagt zu werden; so lange war es dieser Nation
nicht zu verdenken, daß sie christlichen Gesellschaften aus-

wich, am wenigsten sich mit ihnen in Schmausereien einließ; weil ihnen beim Trunk leicht eine Aeußerung hätte entwischen können, die sie ins Unglück stürzen dürfte; so haben auch ihre Talmudisten und Rabbiner sehr weislich ihnen das Nichtgenießen verschiedener Speisen und Weine zum Religions-Gesetz gemacht, da man sonst im mosaischen Gesetz nichts davon findet, daß ein Jude auf einem christlichen Teller, oder mit dessen Messer nicht essen darf; oder daß das Vieh geschlachtet, und das Fleisch gesalzen seyn muß, und wer muß nicht ihre Enthaltsamkeit höchst loben!

In neueren Zeiten, wo Juden diese Gefahr zwar nicht so leicht mehr zu fürchten haben; wo man mit dem allein seeligmachenden Glauben eben nicht pochen darf; wo dieser mit allen politischen Sophistereien, oder besser zu sagen, mit der geoffenbarten Religion zu Grabe gehet, und nur die vernünftige und moralische die Oberhand behalten wird, entstehet nun, zur Schande der Christen,

die 2te Ursache, und die darinnen bestehet: daß man sich weigert, die Juden in Gesellschaften aufzunehmen; daß man sich ihrer schämt; daß man sie öffentlich verachtet und verstößt. Mehrere Beispiele dieser Art wären leicht anzuführen, nur eine mir erinnerliche;

Im Wilhelmsbad bei Hanau, speiste verwichenen Sommer ein jüdischer Arzt an öffentlicher Tafel. Der dasige Brunnen-Direktor, ehemaliger Raseur, nun Kammerrath Döring, erfuhr, daß dieser Arzt ein Jude sey, und verbot ihm sogleich an offener Tafel zu speisen. Kann man sich eine verächtlichere Behandlung denken? so läßt eben dieser Kammerrath in dem dasigen Spielsaal eine Verordnung anschlagen, daß ein Jude am Spiel-Tisch nicht sitzend spielen, und im Tanzsaal nicht tanzen dürfe. So wird denen Juden öffentliche Verachtung bezeigt, obgleich man von diesem Verfolger sagt: daß er ein Liebes-Verständniß mit einer Jüdin heimlich unterhalte, deren Vater mit ihm den sauern Wein im Wilhelmsbad liefern sollen.

(2) Es ist dem Magiſtrat zu Frankfurt nicht zu verzeihen, daß derſelbe denen Juden nicht erlaubet, auf offnen Spazierplätzen zu erſcheinen; daß man denenſelben verbietet, auf den Römerberg und zu denen vorderen Thüren des Römers hinein zu gehen; daß man ihnen nur einige Thore anweiſet, wo ſie zur Stadt hinaus gehen dürfen; daß man ſie an Sonn- und Feiertagen nur gegen Erlegung von 1 Fl. 6 Kr. zum Thor hinaus oder herein paſſiren läßt.

Abſeiten des Frankfurter Magiſtrats antwortet man: daß den Frankfurter Juden deswegen nicht geſtattet werden könne, auf öffentlichen Plätzen zu erſcheinen, weil es denenſelben an Erziehung fehle, und daher allerhand Unfug entſtehen würde.

Es iſt nicht zu läugnen, daß die Frankfurter Juden ſich ganz beſonders zu ihrem Nachtheil von allen andern ihres Glaubens an Schmutzigkeit, Unſitten und Ungezogenheit auszeichnen; allein, wem fällt dieſes zum Vorwurf? Niemand als der Obrigkeit. Dieſer liegt es ob, ihre Unterthanen zu verbeſſern. Durch Verachtung und Einſchränkungen wird gewiß eine ſo weit zurück ſeyende Gemeinde nicht verbeſſert; würde man aber derſelben den Zugang zu öffentlichen Plätzen, anfänglich unter gewiſſen Einſchränkungen (als denen rein gekleideten) und weitere Freiheiten geſtatten; hingegen diejenigen, die unreine Handlungen, Wucher ꝛc. treiben, ſchnell und hart geſetzmäßig, und nicht mit Partheilichkeit, ſo denen Frankfurter Syndicis gegen Juden ſo ſehr anklebt, ſtrafen; dann ſtehet 100 gegen 1 zu wetten, daß in einem ganz kurzen Zeitraum dieſe Menſchen zu ganz umgangbaren Leuten umgeſchaffen würden; und dann werden die Mitglieder des Magiſtrats ſich des Vorwurfs frei machen, daß ſie deswegen nichts für die Juden unternehmen dürfen, weil die mehrſten Mitglieder den Juden verſchuldigt ſind, und unter dieſen Leute ſind, die keine Verbeſſerung wünſchen, und ſolche zurück halten.

(3) Man darf nur die Einwohner der ehemaligen Reichsſtadt Cölln, wohin bis zum Einrücken der Franken

kein Jude kommen durfte, fragen, welchen Unterschied sie in ihrem Nahrungsstande, seit der Zeit als Juden dahin kommen, und darinnen wohnen, finden. Desgleichen wird jeder Frankfurter Bürger und Handelsmann eingestehen, daß wenn keine Juden in Frankfurt wohnten, die Handlung in einem erbärmlichen Zustand sich befinden würde. Sie beklagen sich sogar wenn die Juden Feiertage haben, daß die Handlung darunter leide.

(4) Und in vielen Staaten eins, zwei, auch bis fünf hundert Gulden.

(5) Daneben muß die Gemeinde, nachdem sie stark ist, mehrere tausend Gulden, und jeder Jude dabei diejenigen Abgaben entrichten, die jeder Christ entrichten muß, sogar in mehrern Staaten müssen sie zu Kirchen-Bau, Schul-Diener und geistlichen Beiträgen — Einquartirung vom Militair versteht sich von selbst — aber gemeiniglich ungleich mehr als der Christ entrichten.

(6) Wenn die Stände betrachten wollen, wie nachtheilig die Erpressung, so an denen Juden verübt wird, denen christlichen Unterthanen ist, so müßten sie den Menschenverstand schlafen jagen, wenn sie nicht auf eine Aenderung bedacht seyn sollen.

Der Jude, der kein Land hat, der kein Handwerk treiben darf; der sich überhaupt nicht gleich andern Unterthanen ernähren kann, der nicht einmal ein Botengänger seyn darf, weil er auf 6 Stunden Wegs, die er verschickt werden soll, einen Gulden und einen Rthlr. an Zoll zu entrichten hat, mithin dem Verschickenden zu theuer gegen einen christlichen Boten zu stehen komme; dieser Jude soll im Staate mehr als andere Bürger entrichten, woher nimmt er dieses, er muß es doch denen Christen, die die Hervorbringer im Staate sind, abgewinnen.

Also ist der Jude der Schwamm, den die Fürsten dazu brauchen, christliches Vermögen einzusaugen, und das sie wieder heraus quetschen.